미래의 연인

실천시선 257

미래의 연인

이성진

실천문학사

차례

제1부

제2부

제3부

제4부

제1부

미래의 연인 - 미래와 연인에게

낡은 항구가 되서 영원히 너의 이불에서 나오지 않을 생각이었어 그 안에서 한때 우린 수많은 귤들을 낳았지 또 같은 얼굴로 꿈을 꾸는 쌍둥이들이 부러웠어 종종 서로에게 부치지 않을 편지들만 쌓아가면서 나는 난로 옆에서 혼자 귤껍질을 태우며 보낸 시간들로 들어갔지

우리들의 키스에는 열쇠가 없었지 그늘이 잦아드는 방향으로 몸을 누이는 버릇이 생겼고 바늘이 없는 나침반을 손에 쥐고 하루를 보내는 법도 발굴했어 여기 당신의 N극과 나의 S극이 불타고 있어 나의 그림도 얼굴부터 그을리고 있어

폭설은 한동안 멎지 않을 것 같아 한숨 깊게 자고 당신을 위해 노래했던 기타를 놀이터에 묻어주고 오는 길이야 당신도 나를 그릴 때마다 캔버스에 그어댔던 나이프를 불태우고 있는지 나는 종종 저 캔버스 안에서 조용히 시간을 견디는 물감이 되는 꿈을 꾸곤 해

요즘 나는 항구를 떠나온 후로 매일 시간 위에 당신을 올리고 끓이면서 할아버지라는 집을 지었어 당신도 할머니의 집을 짓거나 아니면 흙으로 반죽한 집으로 들어갔을까 오른쪽에서 걸었던 시간 지금은 당신의 검은 왼쪽을 생각하지 이젠 검게 그을려버린 N극과 S극에게 가끔 안부를 물어보기도 하고

오늘은 바람 몇 장을 몰래 넘겨봤지 그러다 실수 하나가 생각났는데 너무 힘을 줘서 당신이 찢어졌지 눈물 흘리는 방법도 파산한 줄 알았는데 종종 당신이 타전한 바람이 어떻게 나를 알아보고 찾아와서는 내 무릎에 잠시 앉았다 가기도 하는 거야

그러면 나는 구부러진 손바닥을 펴고 시간에 태웠던 귤껍질 냄새를 맡으면서 무릎에 비벼 보기도 하는 것이지

요술소녀

내가 할 수 있는 건
해가 질 무렵 벽 하나로 굳는 것

하얀 티셔츠를 입은 사람처럼
친절하게 사람을 알고 잊는 것

우리 밤에 만나자

나는 그대로이고
마음은 늘 바깥이다

먼 생애
지금이 잘 오지 않는 지금

노을을 보는 새
얼굴을 잠근다

나와 나 - 내 이름으로 된 도시*

내 몸은 이론 없이 만들어지고
내 입은 글자로 말한다
글자가 내 입을 말하기도 한다

일상은 늘 해가 지기 직전
새장 속에 성냥

광고판을 달고 가는 버스
얼굴이 햇살에 닿는 정도
골목길로 사라지는 것들

당신보다 늦게 태어난 것들은 계속 뒤를 돌아본다

가령 개가 인간의 수명을 안다는 듯이 쳐다볼 때
결국 개가 인간의 수명을 따라 잡을 때
개가 흘려듣는 얘기에 잠깐 웃는다

---

* 패터슨에게

오래된 버스에 앉아
반복들 안에서 나는 무엇을 할 수 있는가

모르는 손에 악수를 건네고
정확한 숟가락을 들어올리고
창문으로 밖을 보면서 안을 인식하고

종종 스피커에서 우리가 흘러나오면

관계의 음식을 먹고
거울의 얼굴을 하고
간결히 누워 있다

어딘가 나는 있는 것 같다

달 위에 기린이

소설을 쓰다가
무언가 본 것 같다

고개가 텅 빈 곳을 바라본다
좋아한다는 뜻이다

기린이 별을 뜯다가
웃으며 이를 보인다

달 위의 모든 머리는 계속 백야중
지금은 말보다 소리가 필요한 사이

걸어오는 여자는
머리를 말리고
차를 마신다

소설을 쓰다가 무언가 본 것 같은데

기억이 나질 않아서

안 보이는 것을 계속 보려고 한다
아무것도 없이 계속 보려고 한다

옆에 있겠다는 뜻이었는데

기린이 걸어간다
제일 느린 표현 방식으로

너무 느려서
다시 소설을 쓰면
여자는 나를 안보고

기린은 저기 서 있다
웃는지 알 수는 없다

미래의 연인 - 하이퍼 리얼리즘

누워서 보는 이 전공책은
애인의 냄새다

시계 밖에 있다
전생 중 여름이다

소나기로 환생한 나는
원두막에서 나는
내리는 나를
본다

소녀의 무릎을 베고 노래를 듣는다

눈을 한 번 감으면 소녀가 없어지고
눈을 또 한 번 감으면 노래가 없어지고
세 번 감으면 소녀와 노래는 나를 본다

꿈에서 깨는 건 늘 잠깐이어서

허밍으로도 노래가 생각나지 않는다

나를 흔들자
전생 새는 소리가 들린다
어떤 사람은 잘 가거나
어떤 사람은 못 오거나

교환학생이 된다
빈 강의실 흐린 날
대만여자친구와
스린 야시장에 가기로 한 날

대만어는 낭만적이고
마음은 영원히
내 것일 것만 같아서
아무 말도 하지 않는다

가스등 아래 도로

누군가는 누군가에게 청혼을 하고
누군가는 누군가를 위해 상여를 맨다
이 모든 건 세 번 눈 감으면 사라진다

오토바이를 탄 연인이 결혼식처럼 달리는
그런 밤이었는데

이 꿈은 참 이국적이다
소나기가 내린다

건물 아케이드로 들어오라고 손짓하는
대만여자친구가 나를 보며 웃는다

전공책을 아무리 넘겨도 마지막 장은 보이지 않고
목차는 이미 찢어져 있다

갑자기 되는 일은 늘 잠깐이어서

허밍으로 노래가 불러지면
눈을 여러 번 감아본다

약속- 이라고
작게 말했다

타국에서의 마라톤

나는 어디까지 갈 수 있을까

식구들이 방에서 자는 것을 확인하고
잠든 나를 꺼내 입고 거리로 나왔다
담벼락 연통에 하얀 그림자가 매달려 있었다

달린다
오른팔이 좌우로 흔들리기 시작했다
달리는 것은 다리가 아니라 리듬이었다

어머니께 혼난 일이 생각났다
어제 가라앉은 대륙의 언어를 배운 일

막내야 보편적인 언어를 배우거라
어디 써먹지도 못하는 말은 배워서 뭐하니
어머니 그럴 수 없어요 아시잖아요
차라리 알아먹지 못하는 국어를 버리겠어요

여러 도시들을 건너면서
내가 어떤 기술을 갖고 있는지 생각해보았다

나는 그 어떤 기술이 될 수 없었다
건너 온 도시들도 나와 상관 없었다
이 점을 몹시 아꼈다 안도했다
그 기분들은 가끔 말이 됐다

좌우의 리듬이 점점 견고해질 즈음
터닝 포인트가 보였다
나를 응원하는 소리는 들리지 않았다
다들 고개를 숙이고 시계를 바라보고 있었다
땅에 떨어진 초침과 분침과 시침과 숫자들
줍는 사람은 아무도 없었다

나는 누구의 이름인가

나는 상관없어지고 싶어져요 그런데 어머니
저는 좀 더 시계의 방향이 되어 볼게요
제가 보편적이었다면
제 이름도 생각날 수 있었을까요
제 이름을 한번만 불러봐 주세요

리듬이 서서히 무너지면서
내 몸을 떠나고 결승점은 환했다

가로등 안 노란 전구에서
대륙의 말들이 검은 빛 모양으로 달리고 있었다
나는 그 말들을 사랑하고 싶었다

그건 불가능했다
나는 시계가 되었으므로
말들을 사랑할 수 있는 성기를 갖지 못했다

말들이 이국 도시의 한 지명으로 멀어져 가고
이 순간 동안 나의 감정이 없길 바랐다

달리기를 멈추면서
심장이 나보다 느려졌고
나는 세상보다 점점 더 느려지고 있었다

세상은 시계 투성이었지만
시간이 늘 부족하다고 메아리쳤다

연기나는 집 부러진 연통
식은 땀 흘리는 밤을 이겨내는 식구들 옆으로
더러워진 내 발이 이불 안에서 다시 잠을 청하려고 했다

연탄가스 냄새와 식구들이
동시에 만져지는 여명의 중간

내 이름을 유일하게 아는 어머니
내 이름을 불러주지 못하고
나는 국적을 잃어버렸다

이름이 말없이 리듬없이
아무도 살지 않는 다른 도시의 국경을 넘어가고 있었다

계절감

오래된 노래는 늘 나보다 젊고
꽃은 늘 시든다

나는 건물인가
계속 부서지고

밝은 빛보다 희미한 빛으로
눈이 기운다

몸은 평생 한번 죽는데
마음은 살면서 몇 번 죽는 것일까

방과후 교실에서 혼자
책상에 구멍을 뚫는 아이가 보인다

밤의 비행기 날개

마지막 남은 철로 만든 비행기가
날아가는 밤이다

바다를 강으로 착각하고
추락하는 새들은 늘어간다

마지막 새가 멸종을 마치고
승객들은 듣던 음악만 계속 듣는다

두 번째 시가전이 끝나고
그동안 TV에서 보았던 사람들이
모두 이 비행기에 모여 있다

애인이 말한다
우린 이제 멜로디가 없잖아요

다른 곳에 머물러 흐려지다가

같은 곳에 스러지길 기도하면서
애인은 날아가는 비행기를 올려다 본다

비행기 날개는
우리가 달릴 수 없는 속도에 흔들리고
우리는 달릴 수 없는 속도를 보고 있다

활주로와 제트 엔진 사이로
지구의 마지막 자전이라도 살고 싶은
미량으로 남은 사람들은 안도하고
미풍으로 날아갈 나는 한숨을 모은다

의자로 고이는 사람들
공동묘지와 지상의 교회 십자가들
그 안에서 타는 꽃, 타는 개, 타는 집, 타는 가족들, 타는 나의 애인
비행기 날개는 묵묵히 창문 밖에서 서성일 뿐

나는 비상구를 연다
사람들이 놀란 장미꽃으로 쏟아진다

이석증에 걸린 애인은 침대에 누워
한 손으로 불러온 배를
다른 한 손으로 허공을
어지럽게 흔든다

오늘은 영원이 사어가 되는 지구
시인도 없이 혜성을 헤는 처음의 밤에서

비행기 날개가 바다로 떨어진다
지구의 마지막 밤이 끝나는 중이었다

다시
처음의 시는 누가 써줄까

발굴되기 전까지
나는 그을린 침대였다

미래의 연인 - 백패킹

나는 우크라이나 버려진 수영장
날아가는 소유즈 로켓 뒤로
아이들은 춤을 춘다

발이 유빙으로 바다로 흘러간다
별은 내가 태어나기 700년 전에 빛난다

나는 커다란 눈동자
검은 천 흰 천
눈을 가린 엄마 언니 숙모 이모들

나는 여권을 만지는 손
다른 나라의 두 기타를 연주한
손가락을 잘라 가슴에 넣어본다

나는 남아도는 시간
비는 그대로 있고 자의식만 떨어진다

구름은 가만히 있고 하늘만 빠르게 흐른다
형광등을 켜자 가을 외투와 시계가 없어진다
창문이 예민하게 웃는다

나는 라즈베리 향이 나는 여자
안아본다
당신은 누구십니까

당신이 말한다
여행자의 손은 모래 바람
꿈 없이 걷는 연인들
달빛 아래에서만 존재하는 바다
그런 것들을 본 적이 있다고

나는 당신의 젖은 티셔츠
쇼파에서 편안한 키스
우리 너무 쉬운 악기가 된다

쟝은 하룻밤 사이 천천히 늙어서
할머니가 된 나디아가 차려준 밥을
이도 없이 먹는다

나를 당신이 너무 생각해서
나는 700년 동안 밤이 된다

에스터 벌린트*

태어난 적이 없는 것 같은 그녀를 따라간다 그녀는 무표정을 알고 있다 낮은 음 같은 얼굴이어서 나는 대답 하지 않고 잠자코 따라간다 그런 얼굴들은 믿을 만 하다 그것은 대답이 될 수 있다 그녀는 숲에 대해 알고 있다 나는 말하지 않고 뒷모습을 계속해서 바라보지만 그것이 정면처럼 느껴진다 나는 그 점이 좋았던 것 같다 숲은 적당한 오솔길을 가지고 있다 비는 우주의 처음에서 출발해서 나뭇잎 사이를 통과한 것들만 내 뺨에 닿는다 그런 풀냄새는 이 세상의 것이 아니어서 깜박 길을 잃을 뻔했다 나는 그녀를 따라 걷기만 한다 숲이 끝나고 그녀는 손가락으로 멀리 있는 마을을 가리킨다 나는 잠시 그곳을 바라보고 그녀는 손톱부터 사라진다 나는 마을의 거주민이 되었고 마침표는 혀 밑에 숨겼다

---

* 에바에게

제 2 부

방과 마음

잘 안 울어지는 시간이 있다

목소리는 있는데
들리지 않는 것처럼

비는 보고 그는 보인다
비를 맞고 있는 우산과 소리

텅 비어서 방이 되려고
그는 잠시 누워 있다

어둠이 없어서 눈을 감았지만
감은 눈은 낮보다 환해서

엎드려 바닥에 귀를 기울인다

사방은 열려있고

새벽을 다녀가는 발자국 소리들

멀리가는 소리가 안보일 때까지
쳐다보는 그런 마음

미래의 연인 - 마지막 극장

비가 오는 날엔 영화를 보자고
우산도 없이 우린

수없이 만나고
한없이 기다리고

서로를 만졌던 손을 계속 만지는데
우산처럼 잡고 만지면서 기다리는데

그러다가 비를 보는데
우리가 매일 쏟아지는 것 같아서

두 개의 의자만 가진 극장에서
애인에게 고백한다

나이가 들수록 지인과 헤어질 때
기분이 조금씩 안좋아진다고

예배당에서 사람들이 듬성듬성 나오는 것 같아서
겨우 앉은 퇴근 버스 같아서
이름으로 기도하는 일 같아서
창문의 잘 깨지는 특성 같아서

아무도 나를 만들지 않았으면 좋겠다고
애인에게 고백한다

애인은 위로를 찾지 못한 표정을 짓고
나는 고백과 후회는 쌍둥이라는 사실을 알게 된다

극장에서 비가 내리는데
우산 없이도 젖지 않아서
나란히 담배를 태우며
영화를 본다

스크린 안에서 엔딩 크레딧과 애인과 내가

한번씩 번갈아가며

수없이 떨어진다
한없이 올라간다

영화를 보다가 담배를 다 태운 후
말없이 안다가 영원을 잠시 느끼기도 한다

영화는 계속 마지막이고
우리는 계속 마지막이다

낙원 아파트 로비의 야마하 시계

나
누가 앉았던 자리

너
바다 위에 떠있는 프로펠러

발음
겨울을 고독사라고 읽었다

걸었지
내가 밖에다 대고 우는 것

룰입니까
문입니다
스쳐가는 구두와

심각했던 얼굴들은

시간이고

걷다보니
납골당이다

사춘기
원근감이 사라진 직후

나는 내 집보다 오래 살지 못하고
먼저 죽은 개들을 애도하면서

얼굴들이 벽이 될 때
나의 슬픔이 너의 외로움을 자를 때
그럴 수 있다고 믿을 때

인생
음악을 듣느라 다 써버리는 것

계절
세상을 말아 태우고 이야기가 모두 끝날 때

나는 새였다
개가 늙는다

개
새를 보았다
날아갔으므로

지구에서 흘러나가는 노래들
돌아올 때는 한 명만 듣는다

공으로 오는 건 공 뿐
포물선을 올려다 본 소녀는
다른 나라에서만 할머니가 되었다

1초가 아직 안 지난다

이민선단

하얀색을 배우지 못한 3등칸 소년들
산소 사탕을 입에 물고 교대로 갑판을 닦는다

냉동 수면관에 누운 사람들
여자는 기억 주사를 거부한다

주사를 놓는 소년은 무게를 가져보는 상상에 빠진다
눈을 감아보다가 감시원이 뒤통수를 때린다
비명은 입모양이다

눈을 감아도 똑같은
감정없는 검정들

악마의 찢어진 날개가 종종 떠내려 오고
하늘은 하나의 선입견처럼 상상될 뿐
신은 증명됐지만 무능했다

블랙홀 해역을 지나는 중이다

소년은 사탕 한 알 입에 더 넣고 체인에 몸을 건다
사진 속의 웃는 얼굴은 계속 웃고 있다
색약으로 얼룩진 흰 동공
사진의 총천연색을 감지하지 못하고
입모양이 흑백으로 절룩거린다

어 ㅁ 마 ㅁ

맞춤법을 봐주는 사람없이
상상된 발음

상상은 발각되고 감시원이 쫓아온다
소년은 괄호를 치다가 공간에 흘려진다

체인이 손목을 잃은 체 펄럭이고

무의식이 통째로 흐르는 사람들이
수면관에 나란히 누워 있다

소년은 체인의 필력으로 잠금레버를 푼다

수면관들이 회오리 모양으로 블랙홀에 이장되고
잠에서 깬 여자가 한쪽 눈만 뜬 채 소년과 마주친다

소년은 괄호를 벗고 여자에게 안긴다
모르는 별의 중력이 관을 먹는다
중력이 무서운 소년은 여자를 엄마라고 부른다

감시원들은 제자리 걸음으로 작아지는 관을 바라보다가
남은 사람들을 깨우지 않고
조용히 기수를 돌린다

하얀색 핀란드가 보인다

밑그림

현관문을 열고
알파벳을 거꾸로 샌다

너에게 전화를 걸면서
바람이 불어오는 방향으로 노래를 부르며 걷다가
바람들이 만나는 동안 나는 멈추고

새는 계속 날아가고
숲은 계속 끝나지 않는다

발자국을 바라본다
아무 말 없는 발자국을 바라보다가
아무 말 없이 발자국을 길에다 두고 온다

나는 여전히 알파벳을 거꾸로 새고

행운이 많은 너를 만난다

물결을 가지고 있는 네가 좋다

손에는 항상 무언가 쥐고 있다
가령 잼이 발린 식빵이라든지, 부루마블 주사위 두 개라든지, 같이 쓰던 사물함 복사키라든지

그런 것들을 들게 하고
너는 항상 나를 그린다

그림을 다 그리고
핸드폰을 공중전화 박스에 놓고 오면
부스 안에서 매번 첫 눈이 내린다

내 얼굴을 만지는 딸이 보인다
딸을 아무 말 없이 바라본다
딸은 아무 말이 없다

너는 숲이 가고 있는 방향으로
내 발자국을 줍고 걸어가고 있을 것이다

나는 다시 순서대로 서있다
너는 다시 나를 그리고 있다

새가 뒤로 날아가는 날이다

어떻게 음악도 없이 무기력해질 수 있나

빈 공간을 듣다가 잠이 든다

오늘은 영원히 안녕이지만
나는 나와 영원히 헤어지지 못하고

땡볕을 쏘다니는 개처럼
눈꺼풀과 먼지를 닫을 때
나와 잠이 서로를 알아볼 때

우리는 만나지 않는 신체기관
우리는 눈 밖에 난 눈
우리는 세계를 자르는 기쁨

우리가 기우는 각도를 타고
뭉개진 소음이 구름으로 몰려올 때
눈을 뜨면 다시 돌아오는 오늘이 보이고

나를 집어든 내가
우리의 귀를 만지고 있었다

이것은
꼬리에 불을 붙여 스스로 분신하는 오키나와 도마뱀들
처럼
기이한 피로감에 관한 이야기

하드보일드 소년의 서정

인간은 자연재해였다
우린 신과 기계를 만들었다

소설을 쓰는 시인들이 작성하는 전향사유서
금주령, 선언들, 아픈 충동, 출신성분들이 적혀 있었다
이제 다들 아프지 않을 것이다

시상식은 부족의 전통이었다
그럴 때마다 하얀색들이 우릴 뚫고 지나갔다
우린 마약보다 위대했다

가끔 실망들이 우릴 선택하게 놔두었지만
처음 겪는 나이들이 죽음만큼 낯설어 했지만

소년을 비롯해 비어있는 곳에서
전자적 슬픔들이 쉴 새 없이 흘러내렸다
다양한 종류의 방임은 불안한 위로였다

이상한 문으로 오는 밤이면
소년은 궁금증에 휩싸였다
도대체 밤은 왜 생기는가

360도의 사고방식들은 언제나 소년을 나무랬다
저기 낭떠러지의 사내가 서 있었다

소년은 물었다
왜 당신은 닥치고만 서 있는 거죠

말하지 않기 위해 입을 가지고 있는 거야
말하는 순간 우리가 착해지면
곤란한 일이 계속 벌어질거야
그렇지만 낭떠러지를 포기해선 안돼

소년과 사내는 짧은 키스를 나누고 헤어지고 돌아오는 길
소년은 계측 되지 않은 숨은 출구를 찾아내 뛰어내렸다

이상한 밤은 문이었다

보초를 서던 사무라이들이 머신 건을 겨눴다
소년은 그들의 눈을 보지 않았다
손가락을 타고 피가 아래로 흘러내렸고
리볼버 탄창 돌아가는 소리가 들렸다
눈을 감으며 소년은 공포를 줄이려고 했다
귀는 더 이상 소년을 듣지 못했다

여보 그 빨간 건 무엇인가요

장원의 농노 삐에르 칼루헤
얼굴에 피가 묻어 있었다

뾰족한 개기일식이었지만
중세 유럽의 역사에 기재되지 않았다

산책, 누구나 할 수 있는

기분이 잠깐 흔들리면 한눈을 판다 영원과 여행은 집 없이 꿈은 말없이 나는 꿈인가 말이 없네 나는 가끔 미래보다 빠르다 미술관 밖은 비가 내린다 안에서는 사람들이 내린다 창문은 벽에 붙어서 식민지까지 익어간다 아직 노래가 끝나지 않았어 끄지 마 제목만 알고 끄자 쇼윈도 마네킹은 독신이다 하루키가 조깅한다 누가 더 빠를까 길에서 퍼지는 잡음을 붙잡아 시간으로 복사한다 똑같은 것들이라 늘어나지 않는다 남아도는 시간과 남아도는 나는 여기 있는데 주인과 나만 있는 까페엔 주인과 까페만 있는 것 같고 비는 다른 말도 하는데 보기만 하고 인사는 하지 않아서 커피를 마시면서 하와이에서 조깅하는 하루키만 쳐다보았다

미래의 연인 - 53번째 주말

우리는 주말을 사랑하는
서로 사랑하는 사람이다

거울을 비추는 거울
학교에서 보는 남산타워
비명으로 만드는 노래
블라인드에 가려진 태양
100년 동안 진행된 축구경기

이런 것들을 손에 쥐고 잠든다

방에선 애인과 잠은 겨울 밖이고
밖에선 비가 내리고 여름 안이다

양지바른 침대에서 애인의 한쪽다리를
내 다리로 감싸서 무덤이 될 때

나는 가끔 어둠을 본다
말을 걸어오고 대답한다

묵음으로 시작된 대화가 길어질수록
어둠은 어둡고 마음은 잘 모른다

마음과 나는 같지 않다
우린 다른 방에서 잔다

사람들
사람들이고 싶다

나는 사람인가

위로 받을 수 있는 중정을 갖고 싶다
회색 꽃과 풀이 자라는 중정

이 두 가지를 할 수 없어
나는 관을 매고 초원으로 걸어간다
관을 던져놓고 누워서 하늘을 본다

응시할수록
나는 증발되다가
점점 관이 되다가
희미하게 하늘이 되다가
그런 것들에 관해 애인과 이야기 하다가

초인종 소리가 들리면
도로 이불을 뒤집어쓰고
애인과 나는 웃는다

우린 집에 없었다

오후에만 있는 사람

귀로 저무는 태양이 머리카락 사이로 샌다
나는 그렇게 만들어진다

벤치는 대화가 없고
복숭아 뼈를 만지며 햇빛을 받는다
햇빛은 농도가 뭉개지는 오후에 잘 넘어지는데

밝게 비추어 오는 것들만 모아
하얀 피부로 조립한다

종종 시간 없이도
소량의 검은 공간이 흘러나올 때

나는 약간 휘어지고
눈을 조금 깜박인다

무릎을 모으고

한 점 저물어가는 사람들을 본다

사람들은 지나가면서 지나온다 보면서 모른다 헤어지면서 만난다
사람들은 말하고 듣지만 듣지 않고 말하지 않는다

말을 건네지 않는 벤치가 내 몸보다 편할 때
종종 기억이 나를 무너뜨리며 올 때

나는 기화된다

제3부

미래의 연인 - 끝의 무성영화

1

네가 내 머리카락을 잘라주는 시간
머리카락도 처음엔 길이었을 것이다

2

똑같은 구름이 평생 너를 따라 다녔다 그게 심심해서
금요일들과
저녁의 경계선과
옥상에서 부는 바람과
봉지 안에 담긴 캔맥주와 우린
움직이지 않기로 했다

너와 계절을 나눠 쓰던 밤과 방과 바깥들
양치질을 하며 마주 보고 선 우린
서로의 얼굴을 베끼며 웃곤 했다
손톱들이 말하지 않고 조는 모양으로
서로의 등으로 스며들면 나오던 너의 취미들

그런 날들의 문 밖은 대체로 하얀 태양처럼 선선했다

3

야간열차가 좀 더 어두워지기 위해
달리는 밤과 많이 추운 등

마지막 인사는 서로 인사하지 않는 게 인사하는 거지

너의 목소리에서 겨울이 새는 소리가 났다
코에서 피를 흘리며 다른 색으로 돌아앉고
나는 가루약처럼 조금씩 나눠서 울었다

우리의 감정들이 이 세계에서 하나의 전기로 기록되기
시작했다

안심하고 쓰는 반성문처럼 숨을 몰아쉬며
굳어가는 너의 색깔을 내 동공 안으로 쓸어 담았다

주머니에 손을 넣고 등 뒤에서
내 것이었던 너의 손을 바라보았다 곧

껌종이에 싸놓은 면도칼을 꺼내 내 손목이 깨물게 하고
고개를 들어 검은 바탕의 하얀 태양을 올려다보았다
태양에서 더운 비가 내리고 나도 점점 더워지고
우린 같은 색깔로 간이역 바닥에 흘러
코스모스 안으로 얇게 스며들었다

금요일들을, 저녁의 경계선을, 옥상에서 부는 바람을, 봉지 안에 담긴 캔맥주를
풍경에 걸어두고

4
나는 머리카락 안으로 걸어가고 있었다
나는 잘 깨진 구름이었다

리빙스톤 캠핑클럽

애인과 내가 화롯가에 앉아 있다 지구 쪽에서는 오르트 구름이 일고 우린 화성의 물 없는 바다 구역에서 야영을 한다 고기를 굽고 스프를 끓이며 밥을 짓는다 송수신기에 전원을 넣다 뺐다를 반복한다 녹색불이 들어오지 않는다 오늘도 일상이 인증된다 무중력에 쳐놓은 그물 침대에 귀신이 들린다 애인의 밀짚 모자가 눈을 감는다 이곳의 돌들이 말을 건다 이봐, 어디서 왔어 나는 처음엔 모른 척 한다 손사레를 치기도 하다가 감기가 걸린다

애인은 집게 손가락으로 내 몸 속의 잠들을 꺼내 코펠에 넣고 끓인다 잠이 잠이었던 시간만큼 코펠에 녹이 슨다 곧 차갑게 끓은 잠들이 석회잔에 따라진다 그것들은 내 혀 위에 동그라미를 만들고 그 동그라미들은 다시 수명이 된다 잔 옆으로 지구가 견디고 있는 모습이 보인다

거짓말 같아

색깔, 날씨, 종교, 인종, 핵전쟁, 학살자들, 네가 두고 온 가족들, 시, 영화, 그림, 끝없는 통증, 0의 존재 근데 도대체 그런게 있기는 한거야 애인의 말을 듣고 눈물이 강박관념으로 흐른다 처음 만나도 반갑다고 말할 수 있는 마음이 애인에게는 없다 애인이 아가미가 달린 파란 팔로 나를 안아준다 대신 비를 기다리는 텐트 안의 풍경 정도는 갖고 있는 애인은 따뜻하다 애인이 말한다

지구는 잊어

나는 부푼 배를 만지며
눈을 두 번 깜박였다.

슈게이저*

1

비가 관이 되어 내리는 밤이었어

우린 할 말이 없어서
그날의 날씨에 대해 이야기했지
날씨가 있으면 어디든지 갈 수 있었으니까

합주실 창문 위로 걸어 다니는 여자들은
하나같이 이빨 사이가 벌어져 있었고
바람 소리가 났어

우린 마이 블러디 발렌타인을 연주했어
앨범 러브리스만을 편애했던 우리는
중력이 사유하는 방향을 곧잘 흉내냈지

기타의 현을 위 아래로 갈기는 방법없는 스트로크

---

* 마음이 있었던 사람들에게

우리가 우리를 잠시나마 떠나보내는 적절한 방식

고개를 내린 우리의 얇은 눈동자들이
컨버스 신발을 불태우고 있었어
신발 끝에서 모락모락 소용돌이 피어오르고
소용돌이가 우리들의 키만큼 커졌을 때

합주실은 이제 양귀비 꽃봉오리 안이야
이곳은 더 이상 한 점을 향해가질 않아

노이즈의 꽃들이 사방으로 날리고
솔직한 잠과 복잡한 밤이 서로의 머리를 잡고
눈이 쓰는 말로 헤어지자고 말하듯

앰프가 우리를 날게 했어
그려본 적 없는 무늬를 그리게 했어

보라가 환멸하고 군청이 기절하고 빨강이 수음하고 검정이 죽으면 주황으로 평온해지는 것을
봐버렸지

합주가 틀릴 때마다 우린 수줍은 미소였고
그 앨범에 있는 모든 곡을 연주하고 나면
할 게 없어서

우린 검게 그을린 의자가 되고
기름진 감자 튀김과 이빨 자국이 난 빨대로 콜라를 마시고
사람들의 발만 보이는 창문 너머
보이지 않는 날씨에 대해 서로의 상상을 주고 받았어

이야기 할 날씨가 모두 떨어지면
합주실 문은 굳게 닫혔는데
그 문은 항상 내가 잠그고 나왔던 것 같아

2

우편으로 보내온 너의 첫 시집
나는 아무렇지 않았지만
지금은 내 것이 아닌 감정들은 미안해했어
우린 그날 좀 더 앉아 있어야 했나

요즘 나는 날씨들보다
창문 위 여자들의 안부가 궁금해
날씨들의 날들은 너와 나 없이
어디론가 계속 걷고 있어

종종 신발 끝에서 소용돌이를 훔친 노이즈들이 보여
스트로크가 잠에서 깰까봐 조심하기도 해

시집을 읽고 나는
거울에 서면 겨우 그림자로 말해지는 것 같아

햄버거 대신 커피가 많아진 이곳은
호밀밭처럼 유치해
파수꾼처럼 나는 심심해졌어

창문은 오래되는데 무료하게 깨지지 않고
밖은 관이 부딪히는 소리가 무음으로 요란한 장마지

3
나는 녹았어

나와 나 - 우린 저기 있었는데

이건 오래된 밤이자 나의 아내다
발화점 없이 밤을 태운다

요즘 내 얼굴은 잘 떨어진다

이 소리는 정확하지 않다
세상과 사람들은 반음 정도 내려간다

어둡다는 건 기억한다는 뜻이다
밤이 알고 있는 건 너무나 많다

죽어도 외로울 것 같다
외로우면 죽지 않는다

세상이 검은색과 흰색만 있을 때
천변 갈대밭을 걷는다
풀벌레는 점으로 떠다니고

연기만 눕는다
아무도 없어서

곤충이 아니기에
질문하지 않는다

다만 걷다가
물은 몇 살일까
들은 것 같은데

쥐로 만든 구두를 신은 사람이
나를 보고
앞질러 간다

여자친구였던 아내
옛날 밤이었다

나는 저기 있을 것 같다

윈드서퍼

태풍이 불어왔다
앞으로 십 년은 계속될 거라고 어른들이 말했다

난파선에서 흘러나온 기름은
백사장을 데리고 어디론가 떠나버렸다

바람이 피부를 알아보지 못하고 통과하는 중이다
친구들은 이제 기후를 잘 모른다

이런 날엔 서핑을 할 수 없어
목숨이 여러 개라면 모를까

서핑보드는 점점 야위어갔고
바닷가에 남은 친구들도 점점
폐장된 해수욕장처럼 할 일이 없었다

인공위성같은 폭죽을 팔거나

인공위성처럼 해변을 떠돌거나

관광객이 버리고 간 유리병 파편에
발바닥 찍히는 일이 잦아졌다

몇몇 친구들은 직업을 갖기 시작했다
다른 친구들은 직업을 갖기 어려웠다

불량 식품이 돼버린 것 같아

도시로 간 여자 친구에게 말하려다
전화 수화음만 수없이 죽였다

소나기가 내리고 마루에
옆으로 누워 수음하는 나

마당에 묶인 개가 지켜본다

누나들

밤은 우주의 성격이다

누나들이 손을 잡고 걸어온다
학교 앞 문방구 창문 불이 꺼지고
백색 줄무늬 검은 나무들의 손을 잡고
바람 부는 방향으로 기린이 되어 걸어가면
남서풍이 북동방향에서 불어온다
이것이 언덕의 학교로 들어가는 비밀번호

바람 부는 언덕을 따라
학교 운동장에서 폭죽놀이 하는 누나들
폭죽을 다 써버리면 누나들은 긴 머리카락을 잘라 창을 만들고
운동장을 휘감은 검은 공중을 향해 던져버리면
하늘이 하얗게 찢어지고
누나들의 수줍은 보조개도 하얗게 탈색된다
운동장에 흑과 백만 남으면

누나들은 환호성을 지르며 우는 법을
새들에게 반납하고 집으로 돌아간다

이곳은 언덕의 학교 아래
이제 문방구도 사라지고 아무도 걷지 않는 골목

누나들은 검은색 가터벨트를 입고
가슴을 내놓으며 다리를 꼬고 앉아있다
동그랗게 말아 쥔 왼손의 동공 안에서 옛 애인이
웃고 울고 흑과 백이 떠오르다 가라앉는다
이 광경을 관음하는 문신사는
귀까지 찢어진 입을 씰룩거리며
전자회로를 바늘로 촘촘히 쪼고 신음소리가 완성되면
누나들의 늑골 속에 삽입된다 그러면
방 안의 절벽에서 밀봉됐던 우는 새들이 폐수로 흘러나오고
누나들의 눈빛은 반짝이지 않는다

혓바닥 속에 하나씩 박힌 피어싱 위로 있는 힘껏
목구멍을 넘어오는 마지막 계절풍을 불어보지만
난쟁이들은 기다렸다가 망치로 모조리 박살낸다

미처 흑 혹은 백이 되지 못하고
회색으로 살아버린 누나K가 주변을 살핀다
라디오를 켜고 염산같은 햇볕을 멀리서 바라보며
응달에 몸을 말리다가 누나의 머리채는
곧 근육 소년단에게 부여잡히고
문신사와 난쟁이들이 킥킥대며 구경한다
라디오와 영화 음악과 디제이와 스피커가
사각형의 다른 꼭지점에 서서 보고만 있다
세상은 흑과 백인 줄 알았다며 누나K는 울어보지만
절벽 쪽으로 질질 끌려가고
바위에 묶여 아래로 던져진다

누나K가 즐겨듣던 라디오가 까르르 소리를 내며 웃고 있다

미래의 연인 - 배드민턴 친구

도착한 곳은 모교 백팔계단이었어

새로 올린 학교 건물은 보이지 않고 육학년 팔반으로 올라가는 오래된 백팔계단은 그대로였어 나는 녹슨 봉을 붙잡고 비를 맞고 있는 계단에 올랐지 헉헉대는 목구멍에서 무지개가 피어오르면 짝꿍이 보였어

거기에 있는 시간과 땀 냄새로
나를 보고 있어

공작새와 닭이 사육되던 작은 교내 동물원에서 그 애는 곧 전학 간다고 말했어 우린 그동안 방과 후엔 배드민턴을 쳤지 셔틀콕이 학교 밖 담장으로 넘어갈 때까지 누가 더 늦게 집에 가나 내기를 하곤 했었어 그날따라 랠리가 끝나지 않아서 먼저 갈게 라고 우린 말해지지 못했어 나는 일부러 힘을 주지 않았고 셔틀콕은 항상 그 애 머리 위로 떨어졌지

쉬는 시간엔 공책을 찢어 개구리를 접기도 했어 그 애는 말은 없었지만 수다쟁이 같았어 나는 문득 백팔계단이 정말 백팔계단인지 궁금해져 세면서 내려왔어 사실 그 계단은 셀 때마다 숫자가 달라지는 계단이었어 돌아보니 육학년 팔반 교실로 돌아가는 짝꿍이 보여 그 다음부터 그 애 얼굴이 기억이 안나

콩코드 여객기가 운동장 상공에서 유에프오로 나타났어

자신의 몸을 비틀며 제자리에서 불가능한 궤도로 선회하고 있었어 육학년 팔반은 불타고, 나는 다른 나라 아이들을 구출하며 걸어 나왔어 아이들은 내 얼굴을 쳐다보기만 해 그 얼굴들은 말이 없었지만 그 중 여자아이가 짝꿍으로 변했어

나를 기억하는 구나
그럼 너를 기억하지

그 애가 입에서 방아쇠를 뱉으며 말했어 나는 무지개가 보이지 않아서 여름에 갇힌 귀뚜라미 얘기만 계속 했지

빗속을 지나면 더 이상 밤에 울지 않아도 돼 그래도 귀뚜라미가 하는 얘기는 듣지마 귀뚜라미 소리를 처음부터 끝까지 듣게 되면 우리는 여름을 떠나야 하니까 그나저나 내가 접어준 개구리는 어디 있니

그 애는 말없이 나를 바라보다가 도로 방아쇠를 입 속으로 구겨 넣었어 나는 짝꿍의 목을 부러지지 않게 잡고 잠금장치를 걸면서 백팔계단이 찢어지지 않게 지우개로 조심스럽게 지웠어 방아쇠와 개구리는 교내 동물원에 놓아두면서

셔틀콕 사왔는데 칠래?
아니 잠깐만

그 애는 가만히 눈을 감았고 방과 후까지 나는 짝꿍의 무릎을 베고 라일락처럼 잠이 들었어

잠이 깼어

누구나 그림자

운동장 트랙을 돌다가 정글짐에 매달린 여자아이 둘의 수다를 듣다가 고개를 들다가 별이 피는 것을 확인하고 바람이 내가 가진 모든 구멍을 뚫으면 나는 서늘함이 된다 나는 바람에 걸린 채로 그림자만 흙 위에 서서 혼자 집까지 뚜벅뚜벅 걸어간다

그림자는 나대신 한평생 일하고 나대신 한평생 밥을 먹고 나대신 한평생 잠을 잔다

나는 어디에도 없다가
생각은 어디에도 있다가

할머니 둘의 담소가 의자에서 시작되면 오후가 온다 그때 나는 잠깐 나타난다 땀 없이 말라가는 런닝셔츠는 아직 하얗고 담배에 불을 붙인다 얼굴을 만지려다 손이 없음을 안다

나는 점점 투명해지고
그림자는 점점 어두워진다

음악감상

여기는 갈색 국가

뼈 위에서 밴드는 노래하고 카메라는 돌아간다
스모키 화장 아래 계절은 영영 돌아오지 않는다
인공 태양에서 나오는 햇빛은 무릎에 닿아 외롭다
노래는 여인의 가슴에 닿지 않고 눈 앞에서 떨어지고
그래서 노래는 노래로 남을 수 있다

키보디스트는 건반의 검은 색 반음만 연주 한다
관객들이 가지고 있는 숫자들은 환산되지 않는다
떨어지던 비들이 위로 솟구친다

베이시스트는 지금 커버곡을 연주하며 생각한다
1979번째로 오는 생의 감정에게
1979년 달력이 찢어지는 반환점의 기분에게
1979마일을 날아갈 나의 복엽기에게
1979광년에서 멀어진 지구의 혈육에게
1979라는 이름이 붙지 않은 1979에게
1979에게, 1979에게, 1979에게

아무 이유없이 이유없는 마음으로
가령 레넌에게, 요코의 예
사랑하는 방식과 방관되는 방식의 경계선으로
그래, 경계선으로

기타리스트는 뜨거운 얼음을 볼에 문다
입 안에서 싸이렌 소리가 들린다
다시, 디스토션과 트윈 리버브의 경계선으로
환란과 혼란으로 기타리스트는 침착해진다
얼굴에서 입만 사라진다

연주가 끝나고 멤버들은 다시 사진으로 돌아가려 한다
보컬은 목소리를 내지 않아 노래를 무사히 마칠 수 있었
다며
관객들에게 고마워하고 무대 뒤
공터에 서있는 문의 손잡이를 돌린다

문이 서서히 쓰러진다

붉은 창문 아래 남은 우린 담배를 말아 피고
가끔 서로의 입술에 얇은 키스를 하기도 한다

의자에 거의 누운 자세로 기댄다

주머니 속에서 자꾸 먹구름만 잡히고
도무지 자리에서 일어날 수가 없다

롱 베이케이션

오늘 비를 다 쓸 생각이다

하품을 해도
나는 어디에도 나오지 않고
고여 있기 좋은 방과 안에서
겨우 나는 따뜻하다

욕실 너머
성이 보이고 성이 들린다
나는 무언가 저주 한 것 같은데
가슴만 간지럽다

벽이 어디론가 흘러간다
나는 보고 있다
손을 뻗은 채 발은 묶이고
눈은 항상과 거기에 있다

저주가 생각났지만

잘 말해지지 않는다

창문 틈으로
비만 말하고 있다
성이 나를 쳐다본다

비는 잘 안 써지고
나는 점점 잠이 되어간다

제4부

한 개만 남은 계절

탄산음료를 마시고 식탁에 앉아 눈을 감는다 지금은 스물일곱 살들이 필요할 때 나는 한번은 죽었던 집이어서 어둠과 나를 바꿔본다 누가 손해일까 과자를 먹는다 입으로만 과자를 먹는데 마음이 자주 없어진다 줄에 매달린 백열전구가 진자 운동을 한다 한 번의 왕복들이 여러 번 쌓인 나를 추모하는 것 같아서 곡선으로 잠시 들어가 본다 나는 이제 죽음이어서 끝난 줄 알았는데 꿈에서 나를 보는 여자가 강가에서 밤을 수만 번 흘려 보내고 다시 잠이 돼버린다 잠 냄새가 맡아질 때 입술들이 말해질 때 빛으로 장전된 새벽이 머리를 관통하고 세상의 온갖 보라색들이 너무 추워서 나한테 몰려든다 본 것들만 하루 종일 걸어 다닌다 스물일곱 살들이 집에서 나오라고 창 밖에서 웃고 있다 두 번째 죽음은 나만 알고 강과 여자는 다음 꿈에서 나를 기다린다 이건 주문이었다

국립소년들

세상은 나와 밤인가 소년은 혼잣말이다 밤은 불면이어서 항상 소년을 찾아온다 바람 없이 돌아가는 풍차의 모습으로 네모난 원에 갇히기도 하면서 밤은 소년을 깨문다 한입 베어물린 소년은 쉽게 색깔이 변한다 희롱들로 가끔 혈액형이 바뀌고 착해지는 느낌과 주사처럼 조금 우울해지기도 한다 가방을 던져 놓고 보는 창문으로 밤과 바람은 검붉게 대화하고 멍하니 응시하는 풍경들이 피 맛으로 응고되면 소년은 소녀들과 울고 싶다 한낮 동안 소년의 얼굴들은 바깥에 지쳐있고 골목을 찾아 태어나서 처음 자는 잠을 자고 싶다 문이 없는 소년은 창문을 통해서만 관찰되고 좀 더 막연하게 만연할 수 있다

번진다고 같아지는 건 아닐 거야
소년은 혼잣말이다

다수의 계보가 판단력을 잃고 지구는 폭죽을 가지고 무전여행 중이다 소년이 안개가 될 변명은 이 외에도 몇 가지

더 있다 안개를 알아보는 몇몇 누나들과 다음 생엔 낯없이 태어나려고 오늘 밤에 함께 번져 나간다 창문은 밤과 바람에 앉아있고 가로등아래 빈 골목이 서있다

세상은 혼잣말이라고
밤이 말했다

미래의 연인 - 짐 모리슨을 듣는 날

너를 안아서 흑백영화가 되었다

담배도 술도 마음도 없었지만
어느 소설가의 말처럼
아무래도 좋았던 것 같다

위로를 들고 오는 사람들은
모두 잠시 머물다 자기 말만 하고
길이 있는 곳으로 흘러 나가고

짐 모리슨을 배경으로 데려와
냄새나는 이불에서 내가 할 수 있는 건
너의 이야기에 경청하는 것이 전부였지

너는 과거였고
나의 유행이었으니까

나는

너의 새로운 마음이 되고 싶은
마음이었으니까

조금씩 안 쪽으로 저무는 너를 보고
빛 없는 방을 마련했다

세상에서 가장 작은 집이 된 나를
만지고 안고 바라보다가 너의 얼굴이

이제 암전으로만 남을 때
창문 밖으로 보이는 빗속의 라이더만 지나갈 때

세상만 혼자 걸어 가길래
나는 허공에 헛주먹만 날렸다

가족들이 종종 나를 놓칠 때
가끔 짐 모리슨을 만나 너의 소식을 물어본다

베이시스트

세계의 처음이 얼굴을 하나 줍고
세계의 끝에게 걸어가는 중이었다

멤버들은 약속된 시간에 모였다
그들이 다루는 현의 거짓말은 진실
우리들은 늘 듣던 거짓말처럼 익숙했다

전자 기타가 갖고 있던 모든 계절을 우주로 날려 보내고
드럼이 스틱을 어깨에 걸치고 골목길에서 절뚝거리며 별을 올려다 볼 때
베이스 기타는 고해성사하며 V자 모양의 바디에서 묵묵히 세모난 눈물을 흘렸다

세계의 밤을 건너는 동안 신중했다
이 도시의 음악은 스포츠였으므로

전자 기타의 속주

속주는 모든 것을 속였다

모든 것은 언제부턴가
속도가 돼버렸다

베이시스트는 가라앉을 생각이었다
속주하지 않았고 속지 않아서
그러므로 속죄하지 않았다

세계의 중심에서 귀를 막고 서 있는 베이시스트

업 피킹만 강행하며 갖고 있던 모든 중력을 내던지면서
피크를 쥐고 있는 음표들이 손가락으로 스며들도록

뭉뚝하게 공기를 문지르던 베이스의 걸음걸이를
잠자는 사람들의 심장 박동이 그대로 복제했다

그는 이제 없었다
없기로 했다

전자 기타와 드럼은 같은 별을 바라보면서
은밀히 체위를 바꿔가며 교환되고
멜로디가 비트로 이종교배 되는 밤

베이시스트는 단조연주를 멈추고
한 마디 안에서 하나의 손가락은
하나의 근음만 가리켰다

이 도시의 하나들은 중심이라는 닳아버린 숙명
중심들은 중심을 갖지 못했다 무효였다
베이스 바디에 수포가 일었다
베이시스트는 눈높이를 바꿔가며 침몰했고
울음들은 웃으면서 가라앉았다

무대 위에 남은 물방울들과 손가락들

객석에 혼자 남아 손바닥에서 박수를 벗으며
세계의 처음이 건네주는 얼굴을 받지 않은
세계의 끝

없는 얼굴로 검은 눈물을 흘려주었다

좋은 배우

서로가 측정되고 있는 낮

오랜만에 펜을 쥔 사내는
누워 있는 자신이 어색하다

목이 부러진 선풍기, 날벌레, 간접조명, 땀 냄새들
시간이 서사를 잃고 흘러가면
사내는 왠지 풍요롭다

흘러간 것들에 대해 이야기 한다
이야기는 이야기 될수록 점점 더 외로워지고
사내는 홀로 남으려고 더욱 더 이야기 한다

없어지는 것들에 대해 이야기 한다
별을 노래하는 사람들은 많지만
별을 보고 노래하는 사람들은 없다
누구나 신을 발음하지만

신을 본 사람은 아무도 없다
별과 신은 없지만 없어질 수 없다

펜을 아끼지 않고
거짓말에 대해, 그리고 거짓말에 대해, 추가해서 거짓말에 대해
쓰지 않기 위해 신경을 쓴다

그는 점점 사소해지고 복잡해진다

동굴 하나 갖아야겠다는 생각이 든다
빛으로 가득 찬 동굴

다시 말하지만
그는 정말 좋은 배우였다

미래의 연인 - 2집 가수

1

겨울이 오면 그녀는 사랑에 빠지곤 했다

애인을 기다리던 그녀
난로 앞에 앉아 맥주를 마시다가
노크 소리에 문을 열었다
애인은 담배를 물고 그녀 곁에 앉았다

시간은 무기력하게 저절로 아껴졌다
대화는 저절로 무기력했다
두 사람은 각각 시간과 대화였다

방은 겨울 안에서 겨울 다음을 만들고
봄 안 쪽으로 나아가진 않았다
고인 물이 썩어가는 동안
그녀는 계속 예뻤다

난로 속 빈 병이 터지거나 혹은

평생 잠만 자는 침대를 바라보다가
폴라로이드 사진이 밤의 온도로 조용히
기포로 녹아 내릴 때

종종 발목이 아픈 그녀를 만지는 애인
내가 대신 너의 발목을 끊어줄께

그녀가 목발을 쓰는 일에 능숙해질 즈음
발목을 가방에 넣은 애인은 문 밖으로 사라지고
눈보라가 애인의 발자국을 지우고 있었다

그녀는 밖이 무서워서 이불만 뒤집어 쓰고
1집만 있는 노래를 계속 불렀다

1집 이상은 생각해본 적이 없구나
2집은 어떻게 불러야 하나

화단에 발목을 심은 애인
우는 얼굴과 망가진 화장에서
겨울이 얼어 붙었다

2
몇 개의 겨울을 익혀갈 무렵
영영 잠들지 않을 것 같던
애인의 얼굴은
네모난 집으로 살아가고
그녀는 계단에 갇혀
강바닥을 계속 걷고 있었다

종종 창문에서 새어나오는 불빛들이 골목길이 되면
그녀는 애인의 유방으로 만든 녹슨 대문을 기웃거리다가
도서관에서 책만 고르는 기분으로 돌아갔다

강 건너 봄은 특징없이 관대했다

봄은 골목길처럼 점점 야위어가고
그녀는 공기보다 무거운 휘파람 정도는 불 수 있었다

3

그녀는 평생을 1집의 창법으로 2집만 부르는 가수로 살고 있다

거인의 공

거인이 옆에서 쇠공을 굴린다
나를 지나간다

마음이 끝날 때마다
네가 계속 부른다

나는 나오지 않는다
흐르기 때문에

거인은 쇠공에 기대어 흩어져 있는 우리를 잠시 본다
공은 원에 익숙해져 직선으로 보는 법을 몰라서
우리의 경치에 공과 거인은 잠시 서로를 의심하기도 한다

얼굴없는 나를 알아본 너는
자신의 입이 되라 말한다

나는 듣지 않는다

충분히 추우므로

얼굴은 없지만 장미를 아는 나는
입 대신 입술이라는 일과는 될 수 있다
네 옆에 가만히 있어 본다

우리에게 가능한 계절들은 분간도 없이
중국식 만화경 모양으로 흘러갔으면

나는 그것을 볼 수 없다
다만 조금 찡그릴 뿐

내가 혀 대신 말을 알면서
계절 주변엔 무반주 코러스만 남고
우린 표정이 생기기 시작한다

표정은 아픈 것이다

입술이라는 내가
할 수 있는 일은 동그란 휘파람뿐일 때
가을과 낙엽과 새벽은 그렇게 만들어진다

나는 나와 연락을 끊고
너의 얼굴에서 떠난 후로
나도 소식을 모른다

거인이 한숨을 쉬며 쇠공에
입술을 달고 네 옆을 지나간다

거인은 공을 굴리며 천천히 걸어간다
거리는 점점 희미해진다

여러 날을 붙여도 내가 되지 않았다

해가 떨어지는 빌딩에서 나는 여럿이서 춤을 추었지

나는 거기 있고 싶었다
무언가 한 적이 있었던 것처럼

주변이 지나가길 기다리면서
박하사탕으로 알고 있는 것을 지우고

대화로 공허감을 쌓는 것보다
독백으로 공허감이 되기로 했다

원은 정확하게 원일까
나는 정확하게 나일까

죽은 사람이 죽은 사람에게만 말하듯
나보다 독백들이 더 멀리 흩어지는 것을 보면서

해가 떨어지는 빌딩에서
얼굴이 춤이 될 때까지 여럿이서 춤을 추다가

나의 마지막 감정은 무엇일까
독백 하나가 영영 지나치고 있어서

나는 마지막이 될 때까지
잠시 땅없이 춤만 추기로 했다

나는 점점 내려가고
해는 갑자기 떠오르고

지금처럼
지금이 끝날 때

그 감정을
알게 되었지만
알고만 있기로 했다

다시 춤을 췄다
여럿이서 혼자 추는 춤이었다

밤과 그라데이션

걸어서 밤으로 가는 길이었다
확실해지기 위해서

방 하나와 대화들과 구두사이에서
나는 점점 어려워졌다

모든 숫자가 1이었을 때
외투 안이 새장이었을 때
식탁 위에 침묵과 촛불만 있을 때

세상은 회고주의자와 초현실주의자의 대화였다

나는 기체입니까
당신은 여러 겹입니다

우린 어디로 얼마나 갑니까
눈은 감아도 좋은 것입니다

걸어도 어둠은 없고
어두워지기만 했다

아이들이 어둠이 접히는 것을 보고
집으로 돌아간 걸 알았을 때
나는 혼자 남은 술래였지

갈 곳도 없었지만
가지 않아도 될 것 같았다

미래의 연인 - 풍차, 마음, 미래광들에게

풍차가 말한다

마술이 될 때까지
이번 겨울은 1982년이다

영원할 것 같은 손들은 시들고
애인은 방을 한번 보고는 다시 나갔어

나는 마음이 조금 남아서 앉아 있었지
없어질 때까지

풍차는 뒷걸음질 없이 한 방향으로 돌아가는데
겨울은 그 해를 벗어나지 못하고 돌아가는데

마음 놓고 보고 있었어
없어지지 않아서

미래
평생 생각만 하다가 안 보게 되는 사람

눈이 닳아서 보이지 않아도

풍차가 한 방향으로
계속 없어지지 않아서

해설 · 시인의 말

오직 사랑하는 이들만이 '잠시' 살아남는다.

정기석(시인, 문학평론가)

1. 나디아, 너의 눈에 희망찼던 미래가 죽어갈 때

'미래'의 지구는 초강력 전자무기로 인해 거의 멸망했다. 2008년의 일이며 만화 〈미래소년 코난〉의 서사는 그 이후 '살아남은 사람'들을 중심으로 전개된다. 코난이 기계문명 인더스트리아에 대립하는 소년이라면, 〈신비한 바다의 나디아〉의 주인공 소년 '쟝'은 기계광이자 미래광이다. '쟝'은 '나디아'와 함께 기계문명을 전체주의적 지배를 위해 이용하려는 자들과 싸운다.

〈나디아〉의 시작 배경은 1889년 프랑스 파리의 만국 박람회이다. 당시 만국박람회는 미래의 발전을 예견하는 신문물, 신문명의 호화로운 집결지이면서 전시장이었다. F. T. 마리네티가 〈미래주의 선언〉을 한 것이 1909년이다. 속도, 기계, 문명에 대한 찬사를 늘어놓고 전통적인 것과 결별을 선언하며 이탈리아 미래주의의 기수가 된 마리네티가 당대 만국박람회에 얼마나 매혹되었을지 유추하는 것은 어렵지 않다. 20세기는 미래광들의 시대였다. 하지만 미래를 종교처럼 신봉한 20세기는 제 자신의 속도에 미래를 모두 소진했다. 〈포스트미래주의 선언〉을 한 프랑코 베라르디 비포는 이제 우리가 "미래 이후의 시간을 살고 있다"고 얘기한다.* 소설가 윌리엄 깁슨은 "현실이 너무도 불안정하기 때

* 프랑코 베라르디 비포, 『미래 이후』, 강서진 옮김, 난장, 2013. 12쪽.

문에 우리에게 미래는 없다"*고 한다.

'미래'는 죽었다. '미래'라는 말은 사어(死語)가 되었다. 이제 '미래'라는 단어 주위에는 "새 희망이 넘실거"리거나(〈코난〉 주제곡) "희망찬 미래의 꿈들이 빛"나지 않는다(〈나디아〉 주제곡). 「이민선단」에서의 "신은 증명됐지만 무능했다"라는 말은 '미래'라는 단어에도 적용할 수 있을 것이다. 미래는 증명됐지만 무능했다.

한때 가능성으로 충만했던 미래가 있었다. 이를 가능적 미래라고 한다면, 그러한 미래가 지나가버린 이후, 살아남은 자가 다시 살피는 미래는 어느 시점일까. 가능적 미래를 위해 다투던 코난이 다 자란 이후를, 혹은 〈나디아〉의 이런 미래는 뭐라고 할 수 있을까.

> 장은 하룻밤 사이 천천히 늙어서
> 할머니가 된 나디아가 차려준 밥을
> 이도 없이 먹는다
>
> 나를 당신이 너무 생각해서
> 나는 700년 동안 밤이 된다
>
> -「미래의 연인 -백패킹」중에서

이성진의 시인의 미래는 '미래' 이후이다. 아포칼립스 이후 미래 소년 코난은 미래 이후의 미래를 향해 나아간다. 코난의 미래는 가능적 미래를 꿈꿨던 과거의 시간을 반복하는 것이다. 하지만 '미래의 연인'들

---

* William Gibson, Pattern Recognition(New York: G. P. Putnam's Sons, 2003), p.57.: 비포, 같은 책, 137쪽에서 재인용.

의 시간은 과거-현재-미래의 이후에 다시 이어지는 미래가 아니다. 이는 연대기적인 시간에서 벗어난 어떤 시간으로써의 미래이다. 만화가 종영되고, ('나디아'와 '쟝'과 시적 화자의) 소녀 소년 시절이 끝나고, 그리고 미래가 죽은 이후이지만, 시인의 시간은 과거나 현재, 미래라기보다 도래 중인 시간의 틈새이다. 소녀 소년 시절의 가능적 미래는 "하룻밤 사이"에 끝났다. 시간은 당신이 나를 생각할 동안 지속된다. "700년 전에 빛난" 별을 위한 '나'의 "700년 동안"의 밤이 연대기적인 시간에 구멍을 뚫는다. 여전히 미래라는 단어를 쓴다면 '다른 미래'. 명멸(明滅)의 틈새가 지속될 동안의 무(無)미래적인 시간이다.

여기에는 만화적 상상력의 미래에 빠져있던 소년의 기억과, 그 미래가 아무 것도 담보하지 못해 노이즈 가득한 음악에 스스로를 가둔 무기력한 청년의 끝나지 않는 현재와, 그럼에도 미래 이후까지 살아남은 자의 시간이 무(無)시간의 틈새에서 명멸한다. 미래 없음의 전망이 일반 세계의 시간이라면, 이성진의 화자들은 거기서 비켜서 있다. 그들은 '다른 미래'를 모색하며, 일반 세계의 시간에 구멍을 낸다.

2. 항해 : 20세기 소년 혹은 다른 세기 언젠가

한때 '소년'은 가능성의 다른 이름이었다. 소년 시절의 미래란 미지의 세계에 대한 상상력을 통해 모든 다른 것이 가능했던 미래, 미래를 향한 가능성이 가능한 미래였다. 하지만 소년을 다만 '아직 미숙한' 존재, 언젠가 '완성'되어야 할 존재로 여기는 순간, 가능성은 금세 소진되어 버린다. 소년은 미지를 둘러 볼 시간을 잃고, 순식간에 죽음을 맞이한 '미래'처럼 어른이라는 목적지를 강제 당한다.

인간은 자연재해였다

우린 신과 기계를 만들었다

[· · ·]

360도의 사고방식들은 언제나 소년을 나무랬다

저기 낭떠러지의 사내가 서 있었다

-「하드보일드 소년의 서정」 중에서

"360도의 사고방식", 시간은 시계 방향의 경로로 흐른다. '일반적'인 세계의 법칙이다. 또한 시계는 시간을 정량화하고 분절한다. 그것이 시간을 효율화시켰다. 나침반과 콤파스는 무한의 공간을 상대화하고 방향 측정을 가능하게 하면서 공간을 지배하게 했다. 각각의 '지침'들은 경로(route)를 만들었고 그것은 일상의 명령(routine)이 되었다. 오래된 기계장치인 풍차(風車)와 수차(水車), 이후 프로펠러 등의 동력기관들은 앞으로 나아가고 떠오르게 하는 힘이 되었다. 이러한 "360도"들은 보다 빠르기를, (남들보다) 앞서 나가기를 종용했다.

소년은 "보편적인 언어"를 배우기를, 상징적 질서 체계의 편입을 강요받는다. 이 강요 앞에서 소년은 "시계가 되"어 버리고, 대륙의 말들을 사랑할 수 없는 불능의 존재가 된다. 하지만 소년은 만화적이고 우주적 상상력을 가능하게 한 기계장치에 열광했던 것이지, 기계적인 목적성에 열광했던 것은 아니다. 모험이 가득한 항해를 열망했던 것이지, 어떤 목적지에 도달하기 위해 여정을 지우는 수단이 필요했던 것이 아니다. 소년이 바랐던 것은 "파멸을 향해 나아가는 문명화된 세계를 상징하는 '배'"*가 아니라, 바다의 무한성에 내맡겨져 자유로운, 장소 없는 장소이자 떠다니는 조각인 배**였다.

이제 소년은 가능적 미래의 속도가 미래를 가파르게 소진시킬 것을 안다. 한때 세계의 시계가 미래를 가늠했으니 열광했지만, 그 미래가 아무것도 예견하지 않으니, 소년은 시간과 어긋난다. 소년은 시계의 시간으로부터, 속도와 경쟁을 강조하는 경로로부터 이탈하는 것을 택한다. 소년은 "달리기를 멈추면서" "세상보다 점점 더 느려"지고, "세계는 시계 투성"이지만 소년은 "상관없어지고 싶"다고 말하는 것이다(「타국에서의 마라톤」). 소년의 미래는 경로 이탈로만 존재한다.

하지만 세계에 대한 소년의 이러한 무관성(無關-性, 無-慣性)은 체념이 아니다. 풍차가 거대한 시계의 시간의 법칙이고 시간의 거대한 물줄기를 방향 짓는 둑이라면, 소년은 시간의 둑에 구멍을 낸다. "방과후 교실에서 혼자/책상에 구멍을 뚫는 아이"의 시간이 그러하고(「계절감」), 또 "세상만 혼자 걸어 가길래" "허공에 헛주먹만 날"리는 몸짓이 그러하다(「미래의 연인- 짐 모리슨을 듣는 날」).

> 곤란한 일이 계속 벌어질거야
> 그렇지만 낭떠러지를 포기해선 안돼
>
> -「하드보일드 소년의 서정」 중에서

---

* Fredric Jameson, The Political Unconscious: Narrative as a Socially Symbolic Act, London and New York: Routledge. 1981, p.231.

** 미셸 푸코, 『헤테로토피아』, 이상길 옮김, 문학과지성사, 2014, 26쪽.

'소년'은 특정 연령대를 지칭하는 이름이 아니다. 소년의 시간은 일반적 시간의 시류에 어긋난 조난의 시간이면서, 동시에 다른 미래의 틈을 열기 위한 경계의 삶을 포기하지 않는 모든 시간을 가리킨다. 이때 '낭떠러지'는 세계의 시간에 탑승하기 위함이 아니라, 세계의 시간에 구멍을 내려는 모든 분투들을 위한 위태로움이다.

3. 허공의 뿌리: 21.0세기 베이시스트(base-exit)

20세기의 '미래'는 빠른 속도에 대한 헌신으로 가득 차 있었다. 속도에 대한 열망이 인간을 날게 했다. 그리고 그 비행의 결말을 우리는 이미 여러 차례 목도했다.

> 비행기 날개는
> 우리가 달릴 수 없는 속도에 흔들리고
> 우리는 달릴 수 없는 속도를 보고 있다
>
> [· · ·]
>
> 의자로 고이는 사람들
> 공동묘지와 지상의 교회 십자가들
> 그 안에서 타는 꽃, 타는 개, 타는 집, 타는 가족들, 타는 나의 애인
> 비행기 날개는 묵묵히 창문 밖에서 서성일 뿐
>
> 나는 비상구를 연다

사람들이 놀란 장미꽃으로 쏟아진다

-「밤의 비행기의 날개」 중에서

"지구의 마지막 밤"이다, 지상에서 전쟁을 TV로 관전하던 사람들이 비행기를 타고 탈출하는 밤이 배경이다. 사람들은 속도에 의해 파멸하지만 속도에 기대어 비행기를 타고 탈출을 시도 한다. 허공의 질주는 속도가 떨어지는 순간 추락할 것이므로 다시 속도에 기댄다. 바닥없는 위태로운 공간이지만 사람들은 위태로운 줄 모른다.

이 시의 서사에서 '나'의 위치는 이중적이다. 비행기를 올려다보는 '애인'은 "타는 꽃, 타는 개, 타는 집, 타는 가족들"과 함께 지상에 있다. 그리고 '애인'의 말을 듣는 '나'는 '애인' 옆에 있는 것처럼 보이지만, 어느 순간 비행기 '비상구'를 열어 사람들을 쏟아지게 만든다. 그렇다면 '나'는 비행기 안에 있는 것인가, 지구 위에 있는 것인가. '나'는 비행기와 지구에 동시에 존재한다. 파멸(탈출)을 향해 날아가는 지구와 탈출(파멸)을 향해 날아가는 비행기가 동일한 비행을 하고 있기 때문이다. 지금-여기를 보고 체감하기 위해서는 지금-여기의 바깥으로 나가야 한다. 그러니 비행기의 추락을 지구에서, 지구의 종말을 비행기에서 보는 것이다. 다만 그것이 마지막 밤에야 보였을 뿐이다.

한나 아렌트는 인간 세계의 실재성과 신뢰성은 무엇보다 우리를 둘러싸고 있는 것들이 그것들을 생산하는 데 걸리는 시간보다 더 영구적으로 지속하는 것에 기반한다고 했다.* 달리 말하면, '우리를 둘러싸고

* Hannah Arendt, The Human Condition, The University of Chicago Press, 1958, p.95-96.

있는 것들'의 빠른 소비와 소모는 세계에 대한 실재성과 신뢰성을 무너뜨렸다. 우리의 감각 역시 극에 달한 속도 속에서 무감해졌다. 세계와 현재의 실재를 떠받치고 있는 믿을 만한 것은 사라졌다. 하늘을 난다는 것의 다른 의미는 발 디딜 곳, 즉 바탕(base)의 상실이다.

> 고개를 내린 우리의 얇은 눈동자들이
> 컨버스 신발을 불태우고 있었어
> 신발 끝에서 모락모락 소용돌이 피어오르고
> 소용돌이가 우리들의 키만큼 커졌을 때
>
> 합주실은 이제 양귀비 꽃봉오리 안이야
> 이곳은 더 이상 한 점을 향해가질 않아
>
> -「슈게이저」 중에서

슈게이징(shoe-gazing)은 문자 그대로 시선을 신발 끝에 두고 기타의 현을 "갈기"며 노이즈(noise)를 만드는 록 음악이다. 그것은 바탕 없는 세계에서 "중력이 사유하는 방향"을 꿈꾼다. 하지만 바닥이 없으므로 발 디딜 수 없는 대신, 세계 속의 '우리'를 노이즈로 덮는다. 노이즈로 가득한 "꽃봉오리 안"에서 세계의 시간 흐름과 "잠시나마"라도 무관한 음악적 시간이 된다. "꽃봉오리"는 소년이 책상 구멍을 뚫는 시간의 음악적 가시화이다. 이 노이즈의 꽃봉오리 안에서 음(音)의 입자는 '우리'와 교환되고 '우리'의 신체의 윤곽선을 흐트러뜨린다. 불협화음이 협화음을 대신한다. 이때 우리는 "우리를 잠시나마 떠나보"낸다. 노이즈의 꽃이 하필이면 양귀비인 이유이다. 엑스터시(ecstasy, éx-stăsis)의 본래의 뜻은 '자기의 바깥에 서는' 것이다. 망아(忘我) 혹은 황홀경이다. 양귀비를 재료로 한 것이 만들어내는 효과이다. 하지만 이 시간은 자기 침잠의 시간이 아니다. 결국 "나는 나와 영원히 헤어지지 못"하더라도, 잠시 '나'는 '나'와 갈라져서 "세계를 자르는 기쁨"이 될 수 있다(「어떻게 음악도 없이 무기력해질 수 있나」). 음악적 시간은 세계에 패배하지 않고 스스로 실패하는 다른 방식이다.

4. 무미래: 오직 사랑하는 이들만이 (잠시) 살아남는다

현재는 미래를 남겨두기 위해 제 스스로 미래의 이전이기를 꿈꾼다. 하지만 그 현재라는 것은 얼마나 조야한가. 그것은 속도의 세계에 현재가 끊임없이 따라잡히기 때문이고, 허공에 떠 있는 현실은 바탕이 없기 때문이다. 비행을 만든 기계의 속도가 다시 디지털 공간을 만들고 동시에 침략한지도 오래인 것처럼, 세계의 바탕 없음은 갱신된다. 소년의 슬픔이 전자적이었던 이유 중 하나이다(「하드보일드 소년의 서정」).

'연인'이란 바탕 없는 세계, 속도로 인해 무감각해진 세계에서 서로에게 감각과 발 디딜 곳이 되어주는 존재이다. 연인은 어떤 대상에 대한 감각 · 지각을 확인시켜줄 수 있는 타자이면서 동시에 정서적 연대자이기 때문이다. 그래서 "낡은 항구가 되서 영원히 너의 이불에서 나오지 않을 생각"이었고(「미래의 연인 - 미래와 연인에게」), 바깥에 초인종이 울려도 "애인과 나는" "도로 이불을 뒤집어" 집에 없을 수 있었다(「미래의 연인 - 53번째 주말」). 또 다음과 같은 공모도 할 수 있었다.

> 똑같은 구름이 평생 너를 따라 다녔다 그게 심심해서

금요일들과

저녁의 경계선과

옥상에서 부는 바람과

봉지 안에 담긴 캔맥주와 우린

움직이지 않기로 했다

-「미래의 연인 - 끝의 무성영화」 중에서

이 정지한 시간에서의 '우리'는 캔맥주와 함께 봉지 안에 숨은 연인 같다. 이불 안과 같은 이러한 시공간은 '우리' 최후의, 절박한 은신처였다. 그곳은 소년이 뚫던 구멍과 슈게이저의 꽃봉오리처럼 세계 분리의 빈 공간이 현실화되는 곳이다. 레넌과 요코의 유명한 명제, 혼자 꾸는 꿈은 꿈일 뿐이지만 함께 꾸는 꿈은 현실이 되는 것처럼, 이곳은 하나의 실재 세계가 된다. 하지만 이 실재성이 발 디딜 데가 서로밖에 없는 협소함 안에 갇힐 때, 어떤 가능적 미래로만 흐르는 하나의 세계가 소진될 때, 실재는 현실/현재의 끝으로 내몰린다. 연인의 끝 역시 하나의 세계종말(apocalypse)이다. 이때 「미래의 연인」이라는 제목은 '연인 이후의 미래'가 된다.

하지만 「미래의 연인」의 시간은 '(아직 미래를 가지고 있었던) 미래 (이전)의 연인'과 '미래 (이후)의 연인'의 시간이 동시에 겹쳐져 있다. "바늘이 없는 나침반을 손에 쥐고 하루를 보내"는 것처럼(「미래의 연인 - 미래와 연인에게」), '미래의 연인'의 시간은 연대기적으로 흐르지 않는다. 장면들은 명멸하며 그 틈새 사이에서 겹겹이 존재한다. 명멸의 틈새가 잠시일 때라도, 시적 시간은 잠시와 잠시를 기워서 '다른 시간'을 만든다. 여기서 현존과 부재 혹은 환상과 현실은 나눠지지 않는다. 각각의 시간들은 초현실주의의 이미지처럼 기묘한 등치 속에서 동시에 존재한다. "가령 레넌에게, 요코의 예/사랑하는 방식과 방관되는 방식의 경계선"(「음악감상」)처럼 역설적 위태로움을 포기하지 않을 때, 경계선은 분할이 아니라 겹침을 만든다. 사랑은 연인의 미지를 탐사할 때 소진되지만, 각자의 경계가 흔들리고 부서질 때 이전과 다른 세계의 처음을 만든다.

콩코드 여객기가 운동장 상공에서 유에프오로 나타났어

-「미래의 연인 - 배드민턴 친구」 중에서

콩코드 여객기가 유에프오로 나타나는 연은 6학년 소년의 '기억'에서 일종의 '환상'으로 넘어가는 전환점이 되는 연이다. 20세기 속도의 화신체 콩코드는 2003년에 폐기된 비행기이고, 미확인 비행물체 유에프오는 상상의 외계 문명에 대한 초현실적인 단서이다. 유에프오는 맹신된 초(超)기술문명과 환상의 교차로에서 탄생한다. 이 극단의 조합체 유에프오는 속도의 한계를 넘어서 비속도가 된 무엇이다. 비속도란 빛의 속도로 봉인되었던 퍼스펙티브 내부 어디엔가 자리잡은 비장소(non-place)이고 기계적 목적론에서 이탈된 속도의 바깥, 시선의 맹점이다.* 시간은 인과와 연쇄의 족쇄를 벗는다. 세상이 "회고주의자와 초현실주의자의 대화"인 것처럼, '기억'과 '환상'은 "여러 겹"의 구분되지 않는 부분이다(「밤과 그라데이션」). '다른 미래'의 구멍들이 뚫려 있다.

---

* 박해천, 『디자인 텍스트2-포스트휴먼 디자인/비정한 사물들』, 홍디자인, 2001, 269쪽.

눈을 한 번 감으면 소녀가 없어지고

눈을 또 한 번 감으면 노래가 없어지고

세 번 감으면 소녀와 노래는 나를 본다

-「미래의 연인 - 하이퍼 리얼리즘」 중에서

이 구멍들은 눈을 깜빡이면 볼 수 있다. 비장소는 편재해 있고 무미래는 동시적이기 때문이다. 눈을 깜빡이면 책상 구멍을 통해 방과 후 교실에 혼자 앉아 있는 아이를, 허공에 난 구멍을 통해 세상에 헛주먹을 날리는 사내를 볼 수 있다. 그리고 또 그런 구멍들을 통해, 이불 속에서 '나'와 함께 이불을 뒤집어쓰고 있는 세계를 볼 수도 있다. 구멍이 환상일 때라도, 그것을 통해 보이는 것이 환각은 아니다. 그 시간의 틈새가 다만 (700년 정도의) '잠시'일지라도 그때, 우리들은 살아남는다.

5. 처음의 시

현재가 충분해야 미래가 존재한다. 무언가를 충분히 겪을 수 없는 현재란 그 짧은 생애의 이후(즉 미래)가 없다는 의미이다. 남은 것은 짧은 대체뿐이다. 미래 없이 '다음'만이 있을 뿐이다. 배가 난파된 이후, "마루에/옆으로 누워"서 하는 수음(「윈드서퍼」) 같은 우울증적 쾌락이, 무기력을 순간적으로 대체하는 세계가 펼쳐졌다. 이 공허 속에서 우리는 "과거의 기억, 미래의 예측, 이 미래를 현재의 행위 속에 통합시킬 수 있는 가능성을 상실"한다*. 이 시대의 우리는 도처에서 미래 없음에 대한

* 장 보드리야르, 『암호』, 배영달 옮김, 동문선, 2006, 61쪽.

사회적 반응들을 발견한다. 수를 늘여가는 포기들, 소비재로써 홍행하는 과거들, 작지만 날마다 만족감을 주는 도구를 사용해 감당할 수 없는 예측을 무력화시킬 방법을 찾느라 바쁜 몸짓들,* "쾌락을 추구하는 것 말고는 다른 무엇도 할 수 없는 무능"들.** 화면 속에서 파편화된 현재의 잔상들.

미래 이후에 살아남은 우리들의 불안은 거의 삶의 조건이 되어버렸다. 그리고 불안을 회피하기 위한 대체들이 끝없는 불안을 양산한다. '다음'의 소모를 위한 현재가 지금 미래 없음의 전말일 때, 이성진의 전언은 중요하다. "그렇지만 낭떠러지를 포기해선 안돼"(「하드보일드 소년의 서정」). 미래 없음에 대한 체념이 아니라 무미래를 위한 틈새를 포기하지 않는 것, 불안의 대체가 아니라 스스로 위태롭기를 그치지 않는 것이다. 봉지는 비어 옥상 위를 떠돌고 빈 캔맥주는 찌그러져 버려져 있고. '나'는 다시 "그을린 침대"가 되더라도 모든 틈새를 위한 "처음의 시"는 쓰여진다(「밤의 비행기 날개」). 이것이 중요하다. 다음의 시가 아니다.

---

* 지그문트 바우만, 『레트로토피아-실패한 낙원의 귀환』, 정일준 옮김, 아르테, 2018, 195쪽.

** 마크 피셔, 『자본주의 리얼리즘』, 박진철 옮김, 리시올, 2018. 45쪽.

시인의 말

먼저 이 시집을 나에게 밤을 알게 해준 부모님
서영숙, 이강욱 두 분께 두 손으로 드린다.
말들은 오해가 되었다.
그런 나에게 밤은 늘 위로였다.
아무것도 없는 밤을 보고 있으면
마음이 무한히 확장되는 기분이었다.
마음이 무한히 지워지는 기분이었다.
아마 나는 계속 다치고 아플 것이다.
말들이 고였다.
겨우 여기까지 왔다.
다행이다.
이제는 다른 밤도 보고 싶다.
내가 보는 밤의 별이 되어준 윤미에게
지금 하는 말들을 700년 동안 전하고 싶다.

2019년 3월 서울 삼양동에서
이성진

실천시선 257

미래의 연인

2019년 3월 30일 1판 1쇄 찍음
2019년 3월 30일 1판 1쇄 펴냄

지은이 이성진
펴낸이 윤한룡
편집 신한선
디자인 윤려하
관리·영업 박수정
펴낸곳 (주)실천문학
등록 10-1221호(1995.10.26)
주소 서울특별시 중랑구 상봉로 110, 1102호 (망우동)
전화 322-2161~5
팩스 322-2166
홈페이지 www.silcheon.com

ISBN 978-89-392-3034-7

이 책은 서울문화재단 '2017년 첫 책 발간 지원사업'의 지원을 받아 발간되었습니다.

이 도서의 국립중앙도서관 출판시도서목록(CIP)은 e-CIP홈페이지(http://www.nl.go.kr/ecip)와
국가자료공동목록시스템(http://www.nl.go.kr/kolisnet)에서 이용하실 수 있습니다.
(CIP제어번호:CIP2019)